Зеншо В. Коп
Вистински живот преку зен

Зеншо В. Коп

Вистински живот преку зен

Духовно себеспознавање
во секојдневниот живот

Оваа книга е проширена верзија на аудио книгата со исто име, која ја објави издавачот на аудио книги Штајнбах. Многу слушатели изразија желба да го прочитаат овој текст во форма на книга, со цел уште поинтензивно да ја испитаат нејзината длабока мудрост. Оваа желба доведе до објавување на текстот како книга, покрај обемниот „Вовед во холистичкиот Зен пат“ на Зен мајстор Зеншо.

1. Издание Октомври 2015 година

© EchnAton Verlag Diana Schulz e. K.

Дизајн на насловната страница: Мишел Шмит
Графички дизајн: Јорг Цимерман
Типографија и пишување: Торстен Зандер
Слика на задна корица: Верена Коп

Herstellung und Verlag:
BoD- Books on Demand, Norderstedt

Наслов на оригиналот:
Wahres Leben aus Zen

Превод на македонски:
Александра Беау

ISBN: 978-3-75195-785-4

Содржина

Предговор 11

Вовед во холистичкиот зен пат 17
    Неискажливата тајна на вечното 17
    Директно спознавање 19
    Присутниот момент на „сега" 23
    Илузија на времето.................................... 27
    Зен во секојдневниот живот....................... 29

1. Вистинскиот пат на зен 35
    Прекрасното ветување.............................. 37
    Животна Зен практика 39

2. Дејствување во хармонија со Тао 43
    Ненамерна самосвест 45
    Победа без Меч 48

3. Сеприсутноста на Тао 53
    Зен во средината на светот........................ 55
    Во полнотата на божественото битие.................. 57

4. Патот и целта се едно 61

    Тао лежи под твоите стапала.................... 63

    Тајната на зен 64

5. Сега и овде е Вечноста............................. 69

    Илузија на времето................................ 71

    Природната состојба на умот 74

6. Кристално чиста самосвест...................... 77

    Илузијата на мнозинство 79

    Гледајќи низ илузијата........................... 81

7. Медитација на срцето на сите просветлени........ 85

    Самиот Ум е Буда.................................. 87

    Зен дишење... 90

    Кристално јасна свесност...................... 92

    Гледајќи низ Сонот............................... 94

8. Моментална Свесност 97

    Зачувување на центарот........................ 99

    Неограничена активност...................... 101

9. Сеопфатната полнота на битието............ 105

    Недискриминирачка Мудрост............... 107

    Ослободување....................................... 109

10. Ведра јасност 113

Разбистрување на Умот 115

Оригиналната чистота на умот 117

Не изостанувајќи од суштинското 119

11. Патот до бесмртноста 123

Веселоста на Умот 125

Живот исполнет со значење 127

Објаснување на поединечни поими 131

Контакт 137

Дејностите и тишината, од оние што го совладале зен, се како облаци кои поминуваат – без его свест. Тоа е како полна месечина која се рефлектира насекаде. Тие што го достигнале мајсторството во зен, нема да бидат сопрени од ништо; во средината на сите нешта, тие се сепак слободни од сите нешта.

Зен учител Хонг-чи (XII век)

Предговор

Живееме во време кога сѐ повеќе и повеќе луѓе се стремат да го комбинираат активниот со духовниот живот. Тие бараат привремен, холистички пат на духовна реализација во кој ќе можат да живеат во средината на овој современ секојдневен живот.

Оваа уникатна книга ја оправдува желбата за водење на значаен и исполнет живот. Значително е поразлична од вообичаените изданија на авторите од запад на кои им недостасува вистинско разбирање на длабоката вистина на зен.

Напротив, во оваа книга се запознаваме со работата на еден реализиран зен учител од нашето современо доба, кој пишува - така да се каже „директно од изворот на зен". Од истата причина, оваа книга носи своја посебна вредност која може да го промени нашиот цел живот.

Практичните инструкции за зен праксата на зен учителот Зеншо во секојдневниот живот, ја прават книгата едно сигурно - ориентирачко помагало за секој модерен западен човек. На реалистичен начин и со голема јасност, зен учителот Зеншо ни покажува за што се работи во оваа зен пракса и како таа нè води до внатрешен мир, подлабока мудрост и значаен живот. Современо разбрано, со леснотија, базирано на свое лично искуство, тој нè доближува и ни го пренесува холистичкиот зен пат. Тоа е патот до еден внимателен живот, исполнет со свесност, така што сме целосно слободни во секое време и истовремено сме едно со различните ситуации од секојдневниот живот. Преку зборовите на Зеншо:

„Како учител на секоја ситуација, во средината на сите нешта, остануваме целосно слободни од сè. Така можеме да се издигнеме над сите околности кои нè ограничуваат и да ја пронајдеме својата есенција во средината на животните ситуации."

На овој начин ќе искусиме како во секојдневниот живот како вистинско место за практика, да достигнеме духовна јасност и радост во нас. На овој начин достигнуваме поголема слобода и сме способни да ја искусиме убавината на секој момент, со целото наше битие и воедно, да живееме една кристално чиста свесност и активно вклучување во животот, како една единствена неподелена реалност. Оваа книга е од голема корист поради деталниот „Вовед до холистичкиот зен пат“ од Зеншо, кој со голема јасност му овозможува на секој читател едно компактно резиме за активниот зен пат во средината на светот.

Една додатна придобивка од оваа извонредна книга се секако и многубројните изреки и цитати од старите кинески учители, чиишто мистични изреки често стојат над сите можности за интелектуално разбирање.

Сепак, просветлувачките објаснувања на Зеншо нè обезбедуваат со значаен клуч кон подобро разбирање. Без овие екстремно корисни објаснувања од зен учителот којшто воведува мудрост од истата просветлена димензија како и старите кинески учители, подлабокото значење на многу од овие изреки би останало нејасно за нас.

Едноставниот и јасен начин на учењето на Зеншо заедно со неговиот генијален хумор, е една стимулирачка

мешавина од освежувачки хумор и сериозност. Така, во оваа живописна книга која го дише духот на зен, го чувствуваме директното присуство и реализација на еден од најзначајните учители на мудроста од ова време. Неговиот метод на духовно пренесување се состои од уникатна директност и во својот начин е оригинална и непогрешлива. Книгата „Вистински живот преку зен" ни покажува пат надвор од сите тесни ограничувања кои ги предизвикуваме самите ние. И, ако целосно се препуштиме во неговата длабока мудрост, нашите животи ќе бидат побогати и исполнети со повеќе значење.

Оваа книга ни покажува дека не е потребно да ја бараме среќата по која непрестајно трагаме цел живот, бидејќи таа е веќе присутна во нас сега и овде, како нашето вистинско битие. Само треба целосно да се препуштиме самите себе во него.

Октомври, 2015   Зен центар „Тао Чан"
                                   Визбаден

Вовед во холистичкиот зен пат

Неискажливата тајна на вечното

Зен е патот на моментално согледување на реалноста. Ги остава настрана сите филозофски шпекулации на вистината која не се искажува со збор, така што директно и без никакво заобиколување покажува кон суштината. Оваа суштина е всушност просветлувањето на умот и преку тоа - ослободување од нашата приврзаност од кругот на раѓање и смрт. Од оваа причина, во зен прво се работи за нашето разбудување од нашето вистинско битие во таа реалност којашто не започнува ниту со раѓање, ниту пак завршува со смрт.

Нашето вистинско битие, примарната есенција, е основната реалност во суштината на сите наши искуства. Како чист извор на целото постоење е чисто битие, апсолутна свест и неограничена среќа. Како и да е, оваа реалност не е нешто што треба да го бараме, затоа што постојано е присутна како наша апсолутно својствена вистинска суштина којашто никогаш не сме ја загубиле. Таа се открива сега и овде и нема никаква потреба да се чека нова можност за тоа. Заради тоа, во зен се вели:

„Каде човек треба да го бара волот, кога веќе седи на волот што го бара?“

Да се следи патот на зен, значи целосно да се предадеме од нашето битие на оваа реалност во „сега и овде“. Сепак, која е всушност вистината на зен? Кинескиот зен учител Јунг-чиа (VIII век) го одговара ова прашање на следниот начин:

„Сè што би можел да кажам за тоа би го промашило суштинското.“

Или со други зборови, апсолутната вистина не може да се искаже преку зборови затоа што човековиот јазик е ограничен. Поради тоа, секој обид да се објасни длабоката вистина на зен со нашиот ограничен говор останува бесмислен, без оглед колку е добар тој обид.

Колку повеќе сме исполнети со полнотата на божествената есенција, сѐ помалку сме способни со зборови да ја изразиме неискажливата мистерија на вечното. Понатаму, секоја ментална слика која ја креираме за највисоката вистина е само идеја и е доста оддалечена од реалноста. И колку повеќе се држиме до оваа идеја, сѐ поголема станува препреката на патот кон себереализација. Од оваа причина, кинескиот зен учител Лин-чи (IX век), еден од најзначајните учители во историјата на зен, вели:

„Ако сретнеш Буда, тогаш убиј го!"

Директно спознавање

Секој што сака да ја искуси вистината на зен, мора да дојде во директен контакт со неа и истовремено да не си дозволи да биде одделен од реалноста, од концепти и идеи. Затоа што зен е патот на директната перцепција. И бидејќи тоа е така, која е можноста што ние ја имаме за воопшто да ја искусиме вистината на зен?

Овде, старите кинески учители ни даваат еден добар совет: „Престани со твоето барање!“ Со зборовите на кинескиот зен учител Хуанг-по од IX век – еден од гигантските фигури на зен:

> „Ако сакате да постигнете реализација на патот на зен, нема потреба да изучувате никаква доктрина. Треба да научите како да го избегнете барањето и приврзувањето кон што било. Таму каде ништо не се бара, се открива нероденио т ум. Таму каде што нема приврзување, неуништливиот ум е присутен.“

Со овој добар совет, зен учителот Хуанг-по нè предизвикува да се откажеме од нашето трагање по вистината и да се вратиме во сегашниот момент. Ова значи да се свртиме кон нашето вистинско јас, коешто сега и овде, во овој момент се открива со целата своја слава. Сепак, при идентификација со нашето лажно јас, егото, нашата „јас-заблуда“, постојано ја прекриваме реалноста на нашето вистинско битие со темните облаци на нашето духовно слепило. Со оваа наша идентификација со погрешното чувство на индивидуалност, ние симултано го креираме светот кој го искусуваме со цела своја болка и страдање, и сѐ повеќе и повеќе стануваме заплеткани во кругот на раѓање и смрт.

При нашата желба за слобода од оваа заплетканост во страдањето, во нас се подига прашањето за смислата на целото постоење, па почнуваме со барање на одговор во надворешното. Но, барањето на вистината во надворешното како реалност на нашето битие и гледајќи ја како нешто одделно од нас, соодветствува на дуалистички менталитет кој сака да ги разбере нештата само со нашиот интелект. Бидејќи сепак живееме во средината на оваа реалност и како и да е, низ оваа реалност не можеме да бидеме различни или одделени од неа. Нашата вистинска природа сега е целосна, а и отсекогаш била. Во Зазен Васан, „химната на Зазен", еден од суштинските текстови во зен, јапонскиот зен учител Хакуин (XVIII век) вели:

„Ние сме Буда од самиот почеток. Исто како

што нема мраз без вода, не постои ниту една личност без Буда. Иако луѓето постојано ја носат вистината со себе, тие не ја забележуваат и затоа секогаш бараат настрана. Страдаат од жед, а не ја гледаат фонтаната во нивна близина. Живеат во сиромаштија, а забораваат дека во себе носат неизмерно богатство.

Вие велите дека страдате. Но, страдате само поради вашето незнаење. Разбудете се од вашиот сон и грешките од вашето минато ќе престанат да ве измачуваат. Каде е пеколот? Го оставивте во сонот од вчера. Каде е рајот? Веќе сте во него.“

Ние стоиме внатре во средината на сеопфатната полнота на нашето битие. Апсолутната реалност е сеприсутна само кога ние сме присутни. Затоа зен се интересира само за она што се случува во овој момент „сега и овде“. Нема постоење надвор од овој момент, затоа што минатото е поминато и го нема повеќе, а иднината е само мисла.

Присутниот момент на „сега“

Единствената реалност која постои е „сега“. Не постои ништо надвор од неа. Поради тоа, единствената можност за нас да го искусиме нашето вистинско битие е кога целосно ќе се препуштиме на сегашниот момент.

Ако сме целосно присутни, навистина тука, тогаш сè е тука! Во оваа состојба на чиста свесност, ја искусуваме нашата сопствена есенција со толкав интензитет и внатрешна радост, така што целиот наш живот се менува. Тогаш во нас самите и надвор од нас го искусуваме чудото на животот, секаде и во секое време, бидејќи мистеријата на нашето битие лежи директно во нас. Сè тече од нашето срце. Во овој момент, токму тука на ова место, се открива полнотата на божественото битие, сега и овде, како вистината на зен. Не е цел која треба да се постигне некогаш, туку чиста работа на препознавање. Па, бидејќи тоа е апсолутната реалност на сеопфатната полнота на битието, таа го опфаќа безграничниот простор и трите времиња: минато, сегашност и иднина, во едно единствено „сега". Тука сè се сретнува истовремено. Искусувајќи го директното апсолутно присуство на „сега", ја искусуваме и мултидимензионалноста на безграничната реалност на „едниот ум". Со зборовите на кинескиот зен учител Јуан-ву (XII век):

> „Кога едно зрно прашина се подига, тоа ја содржи во себе целата земја. Кога цвеќето цвета, целиот свет скока."

Во моменталната свест на „сега", влегуваме во безвременоста и беспросторноста на чистото битие и притоа забележуваме дека сегашниот момент е бесконечен. Затоа што „сега" нема ни пред ни потоа, и поради тоа е како беспочетно и бескрајно битие на самата вечност. Како и да е, искуството на простор и време, не е ништо друго освен резултат на ограничената свест на перцепција и воедно, илузија. Минатото, сегашноста и иднината не се ништо друго освен мисли кои се појавуваат во сегашниот момент на умот и заземаат облик на целиот универзум. Едноставно, сè е само игра на природната креативност на умот во кој и низ кој сите работи се појавуваат како во сон.

Искуството на еден површен и илузорен временско-просторен свет, не е ништо друго освен - мисли. Но во зен се вели: „Сите мисли се само едно погрешно мислење". Од тука може да се заклучи дека времето и просторот не постојат. Ова значи дека нашата заплетканост во кругот на раѓање и смрт - е само илузија - сон без никаква реалност.

Да се практицира зен - значи да се биде способен преку реализација на трансценденталната мудрост да можеме да погледнеме низ лажната природа на сите појави и да се разбудиме во реалноста на едниот ум, кој е надвор од време и простор. Преку ова будење го искусуваме големото ослободување. Светлината на едниот ум засветува, а ние во истиот момент искусуваме дека сè е - така како што е, Татхата (санскр. tathatā), самата реалност на едниот ум.

Овој еден ум, надвор од којшто ништо друго не постои, е нашата оригинална есенција и изворот на целата среќа. Затоа што не постои поголема среќа од среќата кога го спознаваме нашето вистинско „јас".

Тоа е нашето вистинско битие коешто не започнува ниту со нашето раѓање, ниту пак завршува со нашата смрт, а се открива себеси како реалност „сега-овде".

Во оваа свесност на недискриминирачката јасност на умот се искусуваме себеси како едно со сите битија и чувствуваме една огромна почит и сеопфатна љубов за сè што постои. Кога веќе сме ја искусиле оваа чисто кристална свест, многу нешта кои претходно биле доста важни за нас го губат своето значење и отпаѓаат од нас. Препознавајќи ја нивната нереалност и безначајност, нашата мотивација за нив исчезнува, а нашите соништа се распаѓаат.

Илузија на времето

Само едниот ум е реалност, просторот и времето немаат вистинско постоење. Тоа се само умствени состојби со кои индивидуалната свесност перципира еден претпоставен, надворешен свет кој се состои од време и простор. Сепак, да се биде слободен од илузијата на време, значи да се биде слободен од правење на грешката на земање на твојот идентитет од испреплетените секавања на твоето мртво минато. Да се биде слободен од илузијата на време исто така значи дека не ја проектираме нашата желба за исполнетост во иднината. Затоа што ако ги фокусираме нашите гледишта само кон иднината во постојана надеж дека ќе се појават подобри околности и ќе ги сменат нашите животи, ние целосно го пропуштаме вистинскиот живот.

Со нашата опсесивна желба да пристигнеме некаде и да постигнеме нешто, не можеме да го перципираме вистинскиот живот кој во својата целосна убавина се открива сега и овде. Духовно слепи и глуви кон реалноста, не сме способни да го искусиме чудото на животот кое во својата целосна полнота се отвора насекаде околу нас. Без размислување, да се живее во една состојба на рамнодушна несвесност, во заблуда на време и простор и во една безумна рутина значи „да се биде духовно мртов". Во денешниот свет, повеќето луѓе се во постојано бегство од сегашноста, управувани од нивната автономна, секојдневна енергија на посакување да се постигне нешто.

Тие внатрешно се исполнети со немир, кој е управуван од механизмот на автономната проекција на нивното дискриминирачко размислување и посакување. Постојано се во брзање, така што не можат да запрат ниту за момент и така го пропуштаат вистинскиот живот.

Преку нивната желба за статус, успех и сигурност во животот, го жртвуваат нивното здравје за заработка на многу пари. Потоа ги жртвуваат нивните пари за да го добијат нивното здравје назад. Цело време се исполнети со грижа и страв за нивната несигурна иднина, така што не уживаат во својот живот во сегашноста. Тие живеат како никогаш да нема да умрат, а потоа умираат без да имаат некогаш вистински живеено.

Како и да е, сегашниот момент на апсолутното „сега" е вистинскиот живот којшто се открива себеси во сега и овде, во своето целосно изобилство.

Оттука, од доста големо значење на зен патот е со кристално чиста свесност на умот целосно да се потопиме себеси во оваа реалност сега и овде. Секаде, без оглед каде и да сме, во секое време и во сè што правиме.

Зен во секојдневниот живот

Ако го посветуваме целото наше внимание во секоја активност во нашиот секојдневен живот, тогаш секој момент се претвора во едно интензивно искуство. Затоа што нашиот живот има толкаво значење и длабочина колку што сме свесни ние. Само во светлото на чистата свесност, сè станува значајно и скапоцено.

На овој начин го трансцендираме секојдневниот свет, без да се отуѓуваме од него или да го одбиваме на кој било начин. Така ја зачувуваме нашата внатрешна стабилност дури и во средината на одредени околности кои нѐ оттргнуваат во секојдневниот живот без да ја изгубиме нашата духовна свест во секојдневните активности. Тогаш ќе искусиме дека нашето виситинско „јас" е присутно во средината на нашиот секојдневен живот како „секојдневен ум". Оваа свесност на секојдневниот ум е вистинскиот зен ум. Затоа кинескиот зен учител Нансен (VIII век) вели:

> „Секојдневниот ум е вистинскиот пат. Кога ќе го достигнеш патот, твојот ум станува толку празен и отворен како небото, слободен од сите граници и ограничувања."

Во оваа кристално чиста свесност на недискриминирачка јасност ја задржуваме нашата апсолутна независност и остануваме во согласност со што и да правиме и каде и да сме. Не дозволуваме надворешните околности да нѐ растргнат и не дозволуваме да бидеме вовлечени во самсаричките конфузии и духовна слепост на еден просечен земно приврзан човек. Целосно сме слободни да дојдеме и да си одиме како што нам ни одговара, затоа што сме надвор од сета дуалистичка дискриминација. Ова е „Вистинскиот живот преку зен". Да се живее во средината на светот и истовремено да се биде слободен од светот е оригиналниот и жив зен пат. Така вели и зен учителот Хонг-чи (XII век):

> „Само кога не си заслепен од перцепцијата на објекти, тогаш можеш да видиш дека сите нешта се светлина на умот. Со секој чекор надминуваш сè, целосно слободен, без никаде да застанеш. Со голема јасност и без никакво форсирање, влегуваш во светот со отворена свест."

Овде ја живееме длабоката вистина на зен. Таа е постојано присутна и се наоѓа во најобичните нешта на секојдневниот живот. Мистеријата и чудото на зен ни се открива кога пиеме чај или едноставно во лупењето на едно јаболко. Една стара зен поговорка го искажува тоа со следните зборови:

„Чудесни дела и подвизи полни со чудо! Црпам вода и носам дрва за оган."

Зен свеста е чиста, кристално јасна состојба на умот во која постои само непосредноста на сегашниот момент и ништо друго. Сепак, ова може да се искуси само од оние кои ги гледаат работите од сегашниот момент. Затоа во зен се вели: „Прегрни го моментот и биди вистински тука и сега!" Со зборовите на зен учителот Ма-цу (Ma-tsu, VIII век):

> „Во свеста на овој оригинален чист ум се однесуваш спонтано и природно кога јадеш, се облекуваш или во сè што правиш - целиот твој живот, земајќи ги сите нешта онака како што доаѓаат и на тој начин ја откриваш твојата духовна природа."

Со постигнување на оваа свесност, слободна од сите дискриминирачки размислувања, стануваме отворени за искуство на нашата вистинска есенција која лежи надвор од сето ментално разбирање. Кога умот на овој начин се ослободува од неговите себепредизвикани ограничувања, слободата се наоѓа секаде. Затоа што „зен е живот без синџири, живот во слобода и самата слобода". И така, скршете ги синџирите што сами сте ги направиле на прилепеното мало его и вистинското „јас" ќе зрачи во својата целосна величественост - сеопфатна и преовладувачка! Нашето оригинално, вистинско битие е целосно слободно и без најмала дискриминација или спротивност. Тоа е сеприсутната, чиста зрачечка природа на битието и се манифестира себеси како мистериозна, мирна радост.

Во оваа свесност на прекрасна јасност, секој дуалитет на субјектот и објектот целосно исчезнува. Како резултат на тоа, целото постоење и сите битија се откриваат себеси како нашето вистинско „јас" кое го опфаќа целиот универзум.

Низ овој ослободителен вистински живот преку зен се наоѓаме во совршено единство со трансцен-денталното и истовремено го опфаќаме целото царство на сеопфатната полнота на битието.

лето 2015, Визбаден   Зеншо В. Коп

1

Вистинскиот пат на зен

Прекрасното ветување

Зрачечката светлина на едниот ум – реалноста на нашето вистинско битие - е секогаш присутна. Оваа оригинална есенција постојано е прекриена со темните облаци на нашите длабоко вкоренети мисли, навики и начин на однесување. Поради оваа причина не сме во можност да ја перципираме нашата вистинска природа, па талкаме изгубени во кругот на раѓање и смрт.

Кинескиот зен учител Хуанг-по од IX век, јасно ни опишува како можеме да се ослободиме од овој измамнички процес на нашиот превез на илузијата што самите сме го креирале:

> „Едниот ум, изворот на сите нешта, свети вечно
> во сјајот на своето сопствено совршенство. Ако
> во еден момент конечно се ослободиш од сите
> концептуални мисли, тогаш овој еден ум како
> твое вистинско битие ќе се манифестира како
> сонце кое се издига низ празнината и без

никакви   граници и пречки го просветлува целиот универзум.“

Какво прекрасно ветување навистина се состои во зборовите на зен учителот Хуанг-по! Но, сепак, што е тоа што треба да направиме или по кој пат треба да тргнеме за постојано и насекаде да ја искусиме нашата вистинска реалност? Овој пат на искуство на нашето оригинално битие, во смислата на зен, не е ништо друго освен „секојдневниот ум“.

Кинескиот Зен учител Нансен – (Нан-чуан*) во VIII век дава вчудоневидувачки трезен одговор на еден зен монах кој доаѓа до него и го прашува:

„Кој е вистинскиот Пат на Зен?“
А Учителот Нансен одговара:
„Секојдневниот Ум е вистинскиот Пат“.

Со други зборови: Реалноста на нашето вистинско божествено Битие, која подлегнува на се, е сè-преовладувачка. Се открива себеси секаде и во секое време, дури и во средината на наједноставните активности. Заради тоа нема потреба да се повлекуваме од светот, во надеж за постигнување на себе-реализација некаде во тивка шумска самотија или во манастир.

Животна Зен практика

Посебно во денешно време, се повеќе и повеќе луѓе бараат духовен пат кој што е целосно слободен од религиозни догми и филозофии. Луѓето бараат холистички пат кој ќе можат да го практицираат во својот секојдневен живот. Оваа потреба ја исполнува само жив и оригинален зен, живеен и учен од старите кинески зен учители. Духовниот пат кој можеме да го практициараме во вревата на секојдневниот живот, è вистинско место за пракса и секако за време на нашите секојдневни обврски.

Тоа е една доста моќна и животна пракса која ја надраснува секоја форма на дискриминација.

А бидејќи недискриминација е еден голем елемент на зен, вистинскиот зен-човек не најдува смисла во повлекување на себе си во манастир, со цел да се откаже од светот.

Напротив, тој ќе разбере дека треба да оствари недискриминирачка јасност на умот во разновидниот свет на дуалноста. Тоа е вистинска зен пракса: да се оди патот до ослободувањето, во средината на светот на алчност, одбивање и духовно селпило. Искажано со зборовите на кинескиот зен учител Јуан-ву од XII век:

Не треба да се откажеш од никаква активност во светот со цел да се оствари свест без напор на умот. Мора да се знае дека секое дејство во светот и свест без никаква напор, не се две различни работи – само со мисла на одбивање и посакување правиме две од нив.

Но ако во метежот и ритамот на животот можеш да се придружиш кон променливи околности и соодветно можеш да се справиш со нив и во исто време да останеш внатрешно празен и смирен, тогаш си ебулентен, без оглед каде и да си. Само тој што ја спознал својата есенција може да биде внатрешно празен и во согласност со надворешното.

2

Дејствување во хармонија со Тао

Ненамерна самосвест

Зен е пат кој е надвор од секоја дискриминација, бидејќи е слободен како птица на небото и како риба во морето. Но животот е полн со ситуации во кои е потребно да мислиме, да разликуваме и да делуваме конкретно во одредена ситуација. Мора внимателно да размислиме која би била вистинската одлука и согласно со тоа кој би бил и соодветниот метод на постапка. Тука е доста важно да сочуваме една непроектирачка и недискриминирачка јасност на умот. Тоа се случува со постигнување на самосвест која е слободна од сите намери.

Само од овој неподелен и чист поглед, можеме да ги видиме нештата такви какви што се. И кога дејствуваме, остануваме во оваа свест на Умот во хармонично единство на рај и земја.

Вистинската природа на нашиот ум е чиста, зрачечка самосвест. Сепак, самосвест не е функција на нашата перцепција туку „самата чиста перцепција". Кога ќе ја достигнеме оваа кристално чиста свесност, нашето битие ќе биде целосно трансформирано. Во секоја активност ќе имаме прекрасно чувство како да стоиме над овие активности. Што и да правиме, повеќе нема да биде тоа што некогаш било, туку напротив, сè ќе има потполно нов квалитет. Со реализација на оваа кристално-чиста свесна состојба на умот, на сосема природен начин добиваме една спокојна ведрина. Директно и моментално, од центарот на нашиот стомак, се случуваат сите наши дејности, така што остануваме непривврзани и природни во се што правиме – било каде и да сме.

Поради тоа е многу важно да ја остариме оваа празна и чиста свест на умот, така што ќе бидеме интензивно свесни во секое време и вистински ќе се задлабочиме себеси во нашиот живот; во нашето битие. Во Зен се вели: „Да се потоне во реалноста на битието“.

Меѓутоа, да се потоне во сега и овде, не се однесува на едно квантитативо 'повеќе', со убедување на себеси дека треба да се искуси што е можно повеќе. Но, со Зен зборови: „Да се биде отворен кон сè-прифатната полнота на битието“. Со зборовите на Зен учител

Нансен: „Биди широк и отворен колку небото и ти стоиш во средината на Тао", тоа значи: се најдуваме во полнотата на божественото битие.

‚Ненамерност' во овој случај, е фундаментален значаен збор на целата зен пракса.

Се однесува на дејство кое себе не се идентификува и è слободно од сето приврзување кое е предизвикано од егото.

Тоа е една состојба на Умот која како основно правило на кинеското таоистичко учење се изразува со зборот: "Ву-Веи" (Wu-Wei). Wu-Wei значи "не-дејство". Во смислата на Зен и Таоизам, со ова недејство не се мисли никогаш на пасивно неправење ништо, каде човек само така седи и не прави ништо.

Вистински Ву-Веи значи дека сме во хармонично единство со сеопфатната полнота на Битието.

Така нашето дејство постанува лесно дело, без дејствувач, така што делуваме без да имаме чувство дека ние сме тие кои правиме нешто.

Победа без Меч

Ву-Веи (Wu-Wei) мора да се види како состојба на умот чиј ефект се најдува на највисоката скала и од која секое дејство е возможно во секое време. Следната приказна која е во согласност со таоистичкото учење, е добра илустрација на оваа состојба на умот:

За време на едно патување со брод, јапонскиот учител Бокуден (IX век), познат по борбите со мечеви, беше предизвикан на борба од еден полу пијан самурај.

Стариот учител истакнал дека неговото мајсторство во борба со мечови, повеќе не се состои од победа над другиот со меч, туку победа над другиот без повлекување воопшто на мечот.

Како и да е, полупијаниот самурај тврдоглаво инсистирал на неговиот предизвик. Тој бесно му се развикува на Бокуден дека не треба да зборува такви бесмислици и дека токму напротив, треба да го извади својот меч и да се бори. Бокуден забележува дека бесниот самурај нема да се откаже од својата намера, па дава еден предлог: Ако веќе мора така да биде тогаш борбата треба да се одржи на некој мал остров, кој се наоѓа во близина , за да не се доведат другите патници на бродот во опасност. По извесно време, самурајот неволно се согласува и нетрпеливо чека на големиот момент од борбата. Кога бродот се закотвува на островот, настроениот самурај прави огромен скок на земјата и со вресок на борба тој го повлекува својот меч.

Во истиот момент, со огромна брзина Бокуден го зема кормилото од рацете на човекот од бродот и заплловува со бродот назад во морето.

„Тоа се вика победа без меч!" - довикувајќи му на самурајот кој го остава позади себе.

Таоистичкото однесување на умот на Wu-Wei, во однос на не-дејство, како не-борба тука најдува прекрасна примена.

Ќе беше навистина лесно за Бокуден да ја одигра својата борбена супериорност во борбата со меч против самурајот. Но сепак стариот мајстор во борба со мечови Бокуден го победува борбениот самурај на еден прекрасен начин без да треба и да го повлече својот меч. Стариот таоистички учител Лао-це, големиот татко на таоизмот од VI век п.н.е ова го

нарекува:

> Да одиш напред без да се помрднеш,
> да се одбраниш - без да ги подигнеш рацете,
> да турнеш - без да допреш,
> да освоиш - без да употребиш оружје.
> И така, секаде каде има повик за борба
> тој што се повлекува секогаш победува.

Тој што се повлекува победува на тој начин што дозволува ударот на својот противник да помине покрај него, и така исчезнува во ништото и самиот напаѓач е соборен.

Во секоја ситуација каде дејствување е потребно, се повлекуваме себеси за време на дејството, така што универзалната моќ на Тао делува низ нас, затоа што; „Делување без никаково делување и сè е мудро направено", вели Лао-це. Ова значи дека кога делуваме и остануваме во состојба на неделување, тоа е вистинското дејство кое е во единство со универзалниот проток на Тао".

3

Сеприсутноста на Тао

Зен во средината на светот

Ако сакаме да останеме во единство со полнотата на битието, тогаш не можеме да се исклучиме себеси од целото. Затоа што Тао - реалноста на божественото Битие е сеприсутна и спротивно од мислењето на многу езотерици, „псевдо-таоисти" од ова време, не се манифестира само во прекрасно мирно селце, каде поминува еден романтичен планински извор.

Не! Точно во средината на бучен забавен парк, но и на село - секаде, каде и да сме, тука се манифестира Тао. На раскрсница, за време на најголемиот сообраќај каде сите автомобили поминуваат со огромна бука, тао е присутен тука. Се разбира, се наоѓа исто така во шума , во мир и спокој.

Во секоја форма на секојдневниот живот, се сретнуваме со основниот и сеприсутен Тао, само треба да се препуштиме и да запловиме во него. Не треба да копнееме по посебни моменти или места исполнети со тишина. Од оваа причина кинескиот зен учител Хунг-Чи од XII век вели:

Кога ја дофаќаш празнината на сите нешта и ја реализираш оваа празнина, тогаш си целосно слободен во секоја ситуација, од сите состојби на свеста.

Оригиналната Светлина е насекаде, а ти се наоѓаш во јасна, чиста согласност со сѐ, каде и да си. Од есенцијлна важност е внатрешно да се биде отворен и прилагодлив, а надворешно да се пристапува кон сите нешта без никакво брзање. Биди како огледало што рефлектира слики и ќе можеш да се издигнеш над секоја бура.

Реалноста на божественото битие ни се открива во секое време и во секоја животна ситуација. Нема каде да го бараме. Со зборовите на кинескиот зен учител Јинг-ан, од XII век:

Многу е лесно доколку би сакал да ја видиш скриената реалност. Биди целосно присутен што и да правиш, така што се најдуваш во свеста на умот; без оглед дали е јадење, одење или зборување; но и во сите барања кои светот ги наметнува врз тебе, без оглед колку и да се високи.

Во полнотата на божественото битие

Зен е екстремно практична материја и не е за езотерични мечтатели. Ги остава настрана сите небитности и шпекулации на неискажливата вистина, со тоа што посочува директно на есенцијата. Од оваа причина, зен учителот Та-Хуи од XII век, ни го дава овој многу добар совет:

> Едноставно, ослободи го твојот ум. Не биди напнат, ниту пак опуштен – ова ќе ти заштеди огромно количество на духовна енергија. Справи се со секоја ситуација онака како што доаѓа и ќе бидеш во согласност со сè, без понатамошен напор од твоја страна.

Ние веќе се најдуваме внатре во полнотата на божественото битие, што го опфаќа целиот универзум.

Тоа е секогаш тука и за нас на дофат, ако со нашата свест сме вистински присутни сега и овде. Тогаш се најдуваме во средината на сеопфатната полнота на битието.

Но кога не сме присутни и со нашите мисли се најдуваме "ваму или таму", ја прекриваме славата на едниот ум, со илузија на мноштво.

Ова мноштво значи : дуалистичка, време-просторна свест, многу мисли, имагинации и чувства, а со тоа и поделба и проблеми.

Тоа значи дека: кога мислите надоаѓаат и се осамостојуваат, тогаш се подигаат сите имагинации со нив и веќе врзаните чувства. А кога чувствата се подигаат, ја губиме способнооста за безусловна, јасна перцепција и делување.

Кога би биле свесни за лажната природа на овие процеси, и се вратиме назад во ненамерна свесност на умот – тогаш исчезнуваат сите овие себе-предизвикани слоеви. Во тој момент позади ова наводно мноштво, се открива едниот Ум, кој зрачи во својата потполна слава и е целосно присутен како нашето вистинско Битие.

4

Патот и целта се едно

Тао лежи под твоите стапала

Една од најважните фигури во историјата на Зен, е кинескиот зен учител Јошу, кој живеел во IX век и достигнал длабока старост од 119 години. Во раните Зен списи се вели дека неговите зборови имаат таква моќ, кои како остар меч, моментално сечат низ сите дискриминирачки и концептуални мисли од неговите ученици. Еден од најпознатите примери е:

За време на доручекот во еден зен манастир, еден монах доаѓа кон зен учителот Јошу и вели: „Јас сум нов тука во манастирот, па можете да ми дадете некои инстрикции?“

Јошу го прашува: "Дали поруча"?, на што монахот одговара: „Да, учителе.“

А Јошу вели: „Добро, тогаш измиј ја својата чинија.“

Монахот има искрена намера да ја искуси вистината на зен и затоа по доручекот оди кај Јошу и го моли за инструкции. Но, Јошу одговара само со: „Оди и измиј ja својата чинија.“

Со овој необичен одговор, стариот учител целосно ја погодува сегашната ситуација, како клинец по глава. Од неговите јасни зборови, зрачи милото сочуство на еден голем Буда.

Но бидејќи монахот не е баш бистар, тој не разбира што точно учителот Јошу мисли.

Затоа преку зен зборови: „Тој седи на најубавиот коњ, но не знае како да го јава.“

Монахот сака да го разбере зен патот, за да искуси просветлување. Но Зен вели: „Патот и целта се едно.“ Патот и целта не се две одделни работи. Затоа е погрешно да се верува, дека се оди патот со надеж и очекување да се стаса до одредена цел. Низ Зен зборови:

„Ако го бараш Тао, тогаш погледни под своите стапала“.

Тајната на зен

Да се оди Зен-патот, значи целосно препуштање во вистината, во сега и овде. Бидејќи реалноста е сеопфатната целина на битието, ги опфаќа сите три времиња: минато, сегашност, иднина - во едно единствено Сега!

Тука сè се соединува во една единствена цел. Затоа сега, во овој момент, надвор од сето шпекулативно мислење, се открива целата тајна на Зен .

Од оваа причина учителот Јошу вели: „Оди и измиј ја својата чинија." Со други зборови, не стои така бескорисно и не зборувај бесмислици, туку прави го точно тоа што моменталната ситуација бара. Прави тоа што е потребно и не го троши своето време на непотребни, филозофски проблеми кои немаат решение. Внеси се директно и целосно во сегашниот момент – и ќе искусиш која е вистината на зен.

Ова препуштање, мора да се случи на таков соодветен начин, така што ќе оставиме се зад себе, што и да е, сите постапки и шеми на размислување, сè. Ова е подобро од безначајна дискусија базирана на лажни концепти. Поради тоа нема никаква смисла да се измислуваат шпекулации и да се акумулира само интелектуално ѓубре.

Бидејќи се е шпекулативно, филозофската мисла има

релативна важност и мора да се трансцендентира.

Што и да прочитаме во скриптите на будистичката филозофија, во списите на Адваита-Веданта или будистичките сутри, тие се само „прст што покажува кон месечината, но не и самата месечина", како што зен вели. Но кога си одлучен целосно да се предадеш на вистината, сето ова треба да се остави далеку зад себе. Зен учителот Лин-чи од IX век, ни дава еден добронамерен совет:

> Ако се држите цврсто кон дефиниции и изреки, истите ќе ви постанат препреки и ќе ви ја маскираат перцепцијата на вистината. Затоа едноставно дозволи мислењето и барањето да дојдат до мир.

Сврти го своето внимание кон она што ти се открива пред тебе. Верувај во тоа што делува директно во тебе, во овој момент и нема ништо повеќе што треба да се бара.

5

Сега и овде
е Вечноста

Илузија на времето

Еден зен монах доаѓа еден ден до зен учителот Јошу и го прашува: „Кој вид на зен е донесен од Индија во Кина од првиот патријарх Бодидарма?

Јошу одговара:

„Која е смислата да се зборува за една толку стара приказна?

Кој е сега твојот зен, во овој момент?"

Сега и овде - точно во овој момент се открива целата вистина на зен. Не можеме да ја бараме во минатото ниту пак во иднината. Сега и овде е самата вечност и како ние го искусуваме времето не è ништо друго освен размислување, само илузија која не е постоечка.

Старите индиски мудреци за термините „време" и „смрт" употребувале еден единствен збор. На санскрит тоа се нарекува: "Кахла" (Kahla). Овие просветлени јасновидци препознале дека времето и смртта се едно исто. Да се живее во индиферентна

71

состојба на незнаење, во илузијата на време и простор значи да се биде „духовно мртов“. Затоа што илузијата на времето припаѓа на смртта. Но апсолутното „сега“ е животот, вечноста.

Обично сме убедени дека времето се движи по една права линија, од минатото - низ сегашноста - до иднината. По оваа права линија на времето, го живееме нашиот живот и воедно правиме поделба на „пред“ и „потоа“. Но минатото поминало, сегашноста не ни е опиплива, а иднината сеуште не постои.

Минато и иднина не се ништо друго освен мисли кои што се појавуваат во сегашниот момент во нашиот ум. Искуството на времето е само размислување. Но зен вели: „Сите мисли се само едно погрешно верување“. Постои само „сега“ и ништо друго. Зен учителот Хуанг-по се изјаснува на следниот начин:

Во истиот момент кога мислите се појавуваат влегуваш во дуализам, поделба. Вечноста и сегашниот момент се едно исто. Нема пред, ниту потоа. Но поради твоето незнаење правиш разлика меѓу овие две. Доколку навистина би разбрал, како би можело да постои било каква дискриминација? Ова разбирање на Вистината, се именува како: „совршено, ненадминливо спознавање".

Позади сите мисли - надвор од илузијата на простор и време – се открива нашето оригинално, вистинско битие, пред нашето раѓање. Ова наше вистинско битие можеме да го искусиме само тогаш кога целосно се препуштаме во „Сега и Овде".

Ова значи: треба да сме свесни – во кристално јасна самосвест на умот.

Се претопуваме целосно во овој момент.

Ова е „директниот зен пат до слобода".

Зен пат кој што инстантно ја зграпчува реалноста, таква каква што е!

Природната состојба на умот

Да не бидеме фиксирани туку да останеме целосно природни и спонтани низ сите барања од секојдневниот живот. Но само што си помислил: „Сега сум целосно релаксиран во „сега и овде", сепак си внатре во својата глава и фатен во мисла, така што повторно се губи целата твоја природност. Затоа е важно да се остави умот во својата природна состојба, бидејќи природниот ум е светлечката Дармакаја – највисоката Вистина.

Исто така не треба да правиме грешка и цврсто да се држиме до тишината затоа што сите надворешни звуци и бучава ќе ги пресретнеме како препрека. Кога слушаме еден тон, тогаш постануваме целосно тој тон. Се претвораме самите во таа бучава на еден авион кој поминува, се претвораме во ѕвончето кое стои на кучето и во песната на птиците. Што и да е, се е едно. Перцепирачот, процесот на перцепција и перцепираниот, сè е една единствена Вистина.

Сè што перцепираме се само бранови на нашиот

ум и како резултат на тоа, тоа е самиот Ум. Ништо не доаѓа надвор од умот. Генерална имагинација е дека нашиот ум добива импресии и искуства од надвор. Но тоа е едно погрешно мислење!

Вистина е дека умот опфаќа се. Сѐ е една лажна претстава на умот. Кога човек мисли дека перцепира нешто од надвор, тоа значи дека тоа само се појавува во нашата свест. Во еден стар будистички текст од тибетскиот Махамудра учител Оргјенпа од XIII век , се вели:

Не постојат надворешни феномени што не се самиот Ум. Вообичаените илузорни идеи навистина и не постојат. Се е еднакво во Умот. Вистинската природа во себе е празна и неродена, како и бескрајниот рај.

Феномените се како рефлексија. Ако веруваш дека се вистинити ќе бидеш излажан од илузијата на умот. Илузорниот свет е игра на умот: ако се држиш до него, ќе бидеш измамен од самите феномени на умот.

Сѐ е само една илузорно магична претстава.

6

Кристално
чиста
самосвест

Илузијата на мнозинство

Вистинската природа на нашиот ум е чиста, светлосна самосвест. Во праксата на зен се работи за реализирање на една непрекината, ненамерна самосвест на умот.

Слободна и релаксирана состојба на умот, секогаш претставува еден основен предуслов за да може да се стаса до самосвесност. Сепак ова не можеме да го оствариме намерно. Треба само да ја допуштиме свеста на умот како наша оригинална, природна состојба.

Во оваа природна, без никаков напор - самосвест на умот, се манифстира вистинската природа на нашиот нероден, а со тоа и бесмртен ум. Ова е една вистина која што се наоѓа надвор од раѓање и смрт. Таму каде што се открива вечната вистина, нема пред и потоа. Според будистичкото учење тоа значи: Во нашето вистинско битие надвор од нашата илузија за личност – ние сме неродени и бесмртни. Погрешна претпоставка на кондиционираниот, дуалистички ум è да верува дека некогаш сме биле родени и дека некогаш ќе умреме. Исто така една голема грешка е да се верува дека има множина од битија и нешта.

Сето ова се само рефлексии кои се појавуваат во нашиот ум. Сѐ е само еден сон на илузорната претстава на умот, без никаква реалност. Затоа кинескиот зен учител Хан-шан од XVII век вели:

Ништо не постои надвор од умот. Поради тоа, еден вистински зен ученик треба да ги следи сите појави како облаци кои поминуваат привремено на небото, минливи и нереални, како еден сон. И не само надворешниот свет, туку и сите вообичаени мисли, сите наши страсти и посакувања на нашиот ум, немаат никава материја, а оттука - не се реални.

Во оригиналната состојба не постои ни тело, ни ум, ниту пак свет исто како што нема ни лажни идеи или одредено емоционално мислење. Сето ова се само рефлексии кои се појавуваат во вистинскиот ум.

Гледајќи низ илузијата

Причината поради која се држиме цврсто до феномените е моќта на секојдневните дуалистички илузии. Ова предизвикува појава на голем број на идентификации и проценки, низ кои сме фатени во циклусот на кондиционираното постоење. Колку повеќе човекот е фатен во илузијата на мнозинство, се повеќе себе си се чувствува одделен од сè. И колку повеќе се чувствува одделен од неговата дискриминирачка перспектива на субјект и објект, се повеќе се чувствува несмирен и под закана. Така се појавува една тендеција да се брани и заштити себе си.

Ова може да ескалира до една екстремна агресија. Но, вистинскиот проблем овде лежи во тоа што тој ги гледа работите на погрешен начин. Има една лажна ментална слика која ја проектира врз сѐ и како резултат на неговото духовно слепило, ова го води него до посакување и аверзија.

Затоа, при практицирање на зен, во овој сон од надворешни, илузорни појави, важно е да стигнеме до една јасна самосвест за да можеме сѐ повеќе да ги препознаеме вообичаените илузии. Но ова е возможно само кога се препуштаме себеси во една радосна и мирна рефлексија на умот, одвоена и релаксирана во сѐ што правиме.

Овде со „радосна и мирна“ се мисли на спокојното немислење постигнато преку ослободување од автономното компулсивно мислење. Рефлектирањето се однесува на чистата, јасна самосвест која како светлечко огледало одразува сѐ. Радосната, мирна рефлексија на умот значи ненамерна, светло-зрачечка самосвест во мирот на немислењето.

Тој што стасува до оваа чиста самосвест, која лежи во основата на сѐ без никаков напор, не се вплеткува себеси во притаената змија на своите проекции. Се ослободува од овие 'змии' на дискриминирачкото концептуално мислење и од илузијата на мнозинство.

Тој повеќе не го искусува светот од перспектива на ограничена жаба која не гледа јасно до следното купче трева и не знае што таму се крие, туку се издигнува високо и горе како орел кој што гледа сѐ како една прекрасна симултаност. Тоа е сеопфатниот пристап на мултидимензионалното гледиште. Чистата перспектива на недискриминацијата на зен.

7

Медитација
на срцето на
сите просветлени

Самиот Ум е Буда

Дури и кога облаците ја прекриваат месечината таа е секогаш тука, исто како и самиот ум кој светло зрачи. Секогаш е присутен, дури и кога е скриен позади темните облаци на дискриминирачкото концептуално мислење. Како на пример во следниот случај:

> Кинескиот зен учител Јун-чу од IX век, му вели на еден монах:
> „Самиот ум е Буда“.
> Монахот одговара: Јас не можам да го разберам ова. Може ли да ми помогнеш?
> Учителот одговара: „За да ти помогнам понатаму, тогаш мора него да го наречеме Буда“.

Насочи ја твојата свест кон внатре и види што навистина ѐ самиот ум.

Патот до искуството на самиот ум како наше вистинско битие е да се тренираме себеси во постојана и непрекината самосвест на умот - секаде и во секое време, во сѐ што и да правиме. Ова исто така е објаснето во „Орнамент на скапоценото Ослободување“, стар будистички текст од XII век:

> Навикнете се постојано да го следите својот ум. Кога сте целосно трениран да го одржите својот ум во ненамерна свесност, така што објектот и умот не се одделни еден од друг, тогаш искусувате недуалистичка, оригинална свесност.

За време на зазен - зен медитација, практикуваме да го оставиме умот да талка во ненамерна свесност. Ова се случува без никаков напор бидејќи вистинска зен медитација не е прашање на правење, туку чиста свесност.

Но кога забележуваме за време на медитација дека нашиот ум наместо собран, тој е неконцентриран и расеан на секаде, тогаш голема грешка би било да се лутиме на себе си и нашите мисли. Не смееме да дозволиме да се појави никакво отфрлање спрема нашите мисли. Состојбата на отфрлање на мислењето само нè истоштува. Затоа никогаш не треба со напор да го потиснеме мислењето.

Кога бранови од мисли се појавуваат за време на медитација, тогаш не обрнувај никакво внимание. Остави мислите сами да лебдат како облаци на небо кои само поминуваат, без да земаш никаква насока. Не анализирај од каде доаѓаат и каде одат и не се обидувај да го потиснеш мислењето.

Затоа што мислите се активирани од нашиот дискриминирачки ум, со тенденција да сака или одбива и истите се материјализираат тогаш кога се приврзуваме кон нив. На овој начин се градат сите мисловни синџири кои се осамостојуваат и не оттргнуваат од нашата внимателност.

Затоа, не формирај никакво објаснување за нив, едноставно биди сведок, неподелен набљудувач позади сите искуства – и ништо друго. Кога едноставно ги набљудуваш мислите без никако врзување кон нив, во форма на сакање или одбивање, тогаш не се креира синџир од мисли. Мислите исчезнуваат сами по себе во зрачечката, чиста самосвест на умот.

Затоа Кинескиот зен учител Хуи-хаи од IX век вели:

Кога твојот ум почнува да се движи, не го следи - така што самиот ќе се ослободи од движењето. И кога твојот ум одмара врз било што, не го следи и ќе се ослободи од тоа врз што одмара.

Зен дишење

Свеста на умот за време на зен медитација главно зависи од правилното дишење. Затоа што умот, здивот и телото формираат една унија. Кога дишењето е плитко и нестабилно, умот е еднаков на тоа, нестабилен и немирен. Но кога твоето дишење е мирно, умот е исто така мирен и јасен.

Зен дишењето е длабоко, мирно дишење каде фокусот е насочен во долниот дел на абдоменот. Во овој регион, познат во Зен како 'хара', искусуваме чувство на стабилност и акумулирана енергија за време на зазен. Како и да е, многу луѓе ја прават истата грешка кога сакаат да ја почуствуваат нивната хара, го притиснуваат на сила своето дишење надолу така што тоа предизвикува притисок на нивниот абдомен. Но ова е целосно погрешно и води само до една ментална и физичка тензија. За да дојдеме до едно смирено дишење, кое е во хармонија со телото, здивот и умот треба да го набљудуваме нашето дишење така што свесно ќе се сконцентрираме на него. Есенцијата на зен дишењето е да се постигне состојба во нашата континуирана пракса, каде целосно забораваме дека сме свесни за нашето дишење.

Кристално јасна свесност

Фундаменталната есенција на праксата на зен медитацијата е правилното држење на умот. Ова е состојба на внимателност, комбинирана со безнапорност и ненамерност. Ова значи, дека секоја намера за време на медитација предизвикува ментална напнатост. Не постои ништо друго што може да се направи, освен да се задржи умот целосно природен, така што за време на медитација е слободен, опуштен, а воедно целосно свесен и внимателен. Во оваа внимателна свесност на умот која не содржи никакви мисли не значи дека умот треба да се контролира, затоа што тоа би било форсирање кое е спротивно на целата будистичка пракса. Доколку си мислиме:

„Мора да се држам до духовната свесност, не смеам да заталкам од неа и да дозволам да се појават мисли“, ова води до зголемена ментална акивност. Неизбежниот резултат е состојба на ментална и физичка тензија, а бидејќи тензијата е потисната желба, потиснатата желба секогаш предизвикува тензија.

Меѓутоа, свесност на умот значи дека се впуштаме себеси во една слободна, релаксирана состојба, каде во мирна и радосна стабилност го набљудуваме својот ум. Кога ги оставаме мислите да доаѓаат и одат, без да делуваме на никаков начин, тие самите по себе исчезнуваат, бидејќи тие се својствено празни, а воедно и нереални. Оваа чиста состојба на умот, која ниту блокира ниту произведува е оригиналната, просветлена свесност на срцето на сите Просветлени. Зен учителот Лин-чуан вели:

Само ненамерниот, чист ум се спознава себеси.

Преку непристрасно набљудување, можеме да видиме како умот сам проектира и како доаѓаат бранови од мисли на површината на умот и повторно поминуваат. Кога застрануваме од нашата вистинска свест, најпрво се само мали бранови, кои стануваат се поголеми и поголеми и на крајот целосно сме прекриени од нив. Важно е да се знае, дека умот ја обновува својата свест во моментот кога станува свесен дека ја изгубил својата внимателност.

Гледајќи низ Сонот

Луцидната, ненамерна, празна самосвесност на зрачечкиот еден ум е нашата вистинска природа. И ова е тоа што треба да го искусуваме постојано, што значи не само на медитационото перниче туку и во средината на светот, секаде и во секое време.

Дури и кога лежиме во кревет навечер, треба да бидеме свесни пред да одиме на спиење, сè што искусуваме во нашите соништа се само слики – сè е празно, сè е само проекција. На тој начин можеш да го користиш феноменот на соништа за твојата духовна вежба со тоа што ќе ги интегрираш соништата во целосната празнина на патот кон тантричката трансформација. Оваа тантричка вежба на 'соновнајога' те води до повисока свест и длабоко разбирање на празнината и последователно до лажната природа на сите феномени.

Со тек на време можеш да постигнеш постојана свесност која останува иста за време на будната состојба како и за време на сонот.

Така секој оној што е способен да ја задржи својата луцидна, духовна свест која лежи во основата на сè, секаде и во сите ситуации, се најдува навистина на патот до ослободување. Исто така на крајот од неговиот световен живот, на време и простор, во процесот на смрт тој ќе се најдува во свеста на умот.

Моментот на смртта е прекрасна можност за тој да достигне просветление. Тогаш е способен да погледне низ лажната природа на сите феномени и да се издигне над темните магли на феномените, во кристалната светлина на реалноста.

8

Моментална Свесност

Зачувување на центарот

Самиот ум и безграничноста на едниот ум се една иста Вистина, исто како морето и брановите. Но за да се стаса до ова искуство на оваа сеопфатна полнота, навистина е важно да се реализира една умствена состојба, која повеќе не е фатена во овие дискриминирачки, именувани мисли, туку плови во една апсолутна свесност на умот.

Кога се трудиме да внимаваме на нашиот ум, ќе заклучиме дека ние не сме никогаш во сегашниот момент. Затоа што нашата свест има вообичаена тендеција постојано да продуцира мисли и да се занимава со минатото или со иднината. Во овој процес, сегашниот момент ќе биде перцепиран како минлив. Поради тоа, доста ретко се случува, ние да ја посветиме целата наша концентрација само на тоа што го правиме во овој момент.

Самите мисли по себе, не се ни позитивни, ниту негативни, мислите доаѓаат и одат, но немаат никаква реалност во нив. Но кога би ја изгубиле нашата духовна свесност, и мислите се осамостојат, тогаш се најдуваме во илузијата на минатото или иднината, и се најдуваме надвор од нашиот центар. Во тој случај од голема важност е постојано да се прекинува зафатениот ум и нашата внимателност да ја насочуваме само во ‚сега'. Доколку сме потполно свесни во сегашниот момент тогаш сме потполната свест на умот.

Само на овој начин, во се што и да правиме, би можеле да достигнеме една состојба на свеста, која е постојано кристално чиста самосвест.

Неограничена активност

Преку холистичката зен практика добиваме можност спонтано и со целото наше битие да се справиме соодветно со одредени ситуации, без да ја изгубиме тишината но и динамиката во целиот процес. Затоа што тишината и динамиката не се исклучуваат една од друга. Напротив тие се надополнуваат и како такви мора да се искусат како единка. Поради тоа кинескиот зен учител Хунг-јинг-минг од XVI век вели:

Тишината во тишина не е вистинска тишина. Само кога има движење во тишината и тишина во движењето може да се појави духовниот ритам, кој ги опфаќа земјата и рајот.

Поради тоа запомни го следново: активно учество во светот и една тивка грижа - не се противат една со друга и не се несоодветни спротивности. Само кога ние самите правиме разлика мегу духовен и световен живот, креираме две работи од нив. Има толку многу луѓе кои во нивните дуалистички гледишта навистина веруваат дека за да се води еден духовен живот, значи целосно откажување од се, така што се повлекуваат од 'злиот свет' кој носи искушение и одвлекувања.

Еден вистински зен човек живее целосно природно и независен во светот и не е онеспособен од ништо. Во центарот на сите потреби на нашиот модерен свет останува целосно свртен кон себе внатре и независен од сè.

Бидејќи неговиот ум не е деискриминирачки, тој е слободен од посакување и одбивање, па поради тоа и не се придржува кон ништо. Тој прави тоа што треба да биде направено но сепак не станува зависен и не се држи цврсто до неговите дела. Тој е способен да навлезе до средишната есенција на сите ситуации.

Бидејќи внатрешно тој е одвоен од сè, нема потреба да бега од светот, како многу други кои не знаат за подобро.

Со зборовите на зен учителот Хуанг-по:

Тој што не знае, го избегнува надворешниот свет, но не и мислите за светот.

Мудриот не го избегнува надворешниот свет,
Но тој апстинира од мислата за светот.

Мудриот живее од сеопфатноста на битието со тоа
што искусува неподелба, а со тоа препознава дека тој е
едно со сите битија. Ова се забележува од неговото
отворено срце и неговата сочуствителна љубов за сите
битија. Живее во средината на светот кој постојано се
менува, тој доаѓа, си оди и делува на тој начин како
што ситуацијата побарува, а воедно тој е целосно
слободен и одвоен.

9

Сеопфатната полнота на битието

Недискриминирачка Мудрост

Вистински зен човек живее во целосна слобода. Каде и да се најдува тој ја живее величественоста на божественото битие. Затоа кинескиот зен учител Јуанву од XII век ни вели:

> Кога ја достигнуваш слободата на зен ништо не те врзува и ти целосно се отвораш во единство. Потоа за тебе нема никакви нешта кои припаѓаат на светот, кои се над будистичката вистина и нема будистичка вистина која се најдува над световните нешта.

Човек често може да слушне од луѓе кои се дел од езотеричната сцена - нирвана и самсара или со други зборови, највисоката вистина и светот на раѓање и смрт, мора да се поврзат еден со друг. Но овие изрази се чиста глупавост и не се воопшто компатибилни со вистината на зен. Нирвана и самсара нема потреба да се комбинираат бидејќи нема воопшто ништо што да се комбинира, бидејќи тие се една и истата реалност. Тоа е исто како да кажеме: дека морето и брановите на површината треба да ги споиме. Ова не би имало никаква смисла бидејќи морето и своите бранови се една сеопфатна, неразделна унија, едно уникатно и хармонично единство.

Со цел да се разбере ова, потребно е јасно духовно набљудување, едно јасно неподелено сфаќање со кое ги гледаме нештата такви какви што се. Но тоа што ни создава хендикеп на нашата перцепција за нашата оригинална природа, не е ништо друго освен моќта на вообичаените дуалистички погледи. Ова е автономното дуалистичко размислување, преку прифаќање и одбивање. Тоа е поделбата меѓу убаво и грдо, добро или лошо, правилно или погрешно.

Сето ова мора да отпадне. И тогаш може да видиме дека Сукхавати Рајот – рајот на неограничена светлина - е присутен во целата своја слава, бидејќи е отсекогаш тука присутен. Тогаш ќе забележиме дека Сукхавати Рајот не е димензија која се најдува надвор, туку тоа е - оригиналната состојба на свеста на нашето вистинско битие.

Во секој момент реалноста на божественото битие е пред нас во својата целосна совршеност - и не постои ништо над него. Тоа е сеприсутно, тивко и чисто и се манифестира себе си како прекрасна, мистериозна и тивка радост.

Ослободување

Ние не доаѓаме од некаде, а бидејќи не постои време и простор, на ист начин нема место каде би можеле да заминеме. Нема што да се постигне бидејќи се è сеопфатната полнота која содржи сè во себе.

Секој кој не успева да ја препознае, започнува со размислување а потоа и со дискриминирање.

Почнува да се жали и вели: „Мислам дека не правам никаков прогрес на духовниот пат. Која би била причината за ова?" Одговорот е едноставен исто како и што изгледа. Тој проектира, па сите овие проекции меѓу него и апсолутната вистина се претвораат во шаблони низ кои тој цело време набљудува сè. И така сѐ добива своја 'боја и форма', онака како што тој сам ги проектира своите шаблони. Така тој гледа кон безграничната ширина низ неговите шаблони и ги гледа само своите ограничени форми и мисли со целата своја убеденост: Тоа е Вистината, тоа е реалноста. Но затоа Зен нѐ повикува со:

Фрли се настрана, било што и да е !

Само така може да искусиме ослободување и да ги избегнеме своите креирани ограничувања. Слобода е основен и значаен збор во зен будизам. Во зен сѐ се сведува кон внатрешно духовно ослободување. Слично се изјаснува и кинескиот зен учител Хуанг-по:

Умот е исполнет со зрачечка јасност па затоа фрлете ја темнината од вашите стари и мртви концепти. Ослободете се од сѐ!

Да се има навистина храброст, за еден да се ослободи себеси од сѐ, што и да е, е патот до Просветлување. Дури и најмалата пречка треба да биде отстранета затоа што најголемата е еднаква на најмалата, а најмалата е еднаква на најголемата. Еден коан од Мумонкан од XIII век, кинеска збирка на Зен изреки, надвор од капацитетот за логично разбирање, ни го вели истото. Следи вака:

Крава поминува низ прозорец со решетки. Главата, роговите, стомакот, и четирите нозе поминуваат низ прозорецот. Но како е можно опашката да не помине?

Да го разјасниме ова: Светлината на едниот ум свети врз нас само тогаш кога, сѐ што ја блокира светлината, колку и да е мало или убаво или свето, ѐ целосно збришано од патот. Зен учителот Лин-чи од IX век на еден моќен начин вели:

Исчисти ја секоја препрека на патот.
Ако сретнеш Буда, тогаш убиј го Буда!
Само така ќе успееш да се искупиш,
само така ќе се ослободиш од синџирите и ќе бидеш слободен!

10

Ведра јасност

Разбистрување на Умот

Во зен праксата најчесто се работи за разбистрување на умот за да ја искусиме неговата оригинална ведра јасност. Каква е тогаш оваа прекривка што ја затемнува зрачечката јасност на умот?

Тоа е нашата длабоко вкоренета мисловна навика и нашите шеми на однесување. Тоа се сите наши сеќавања на нашето старо и мртво минато со кое најчесто се идентификуваме.

Веруваме дека сето ова припаѓа на нашата личност до точка каде веруваме дека ние сме збирот од сите овие искуства и сеќавања. И понатаму ги проектираме овие условувања врз сè останато. Ние веруваме дека 'ова е светот - а ова се другите', бидејќи сме неспособни да ги видиме работите поинаку поради шаблонот на нашето дуалистичко гледиште.

За жал, многу луѓе се придржуваат цврсто до ова условено гледиште и делуваат само од нивната немисловна рутина, во еден круг на себе-креираните граници. Како резултат на ова тие го сметаат за невозможно сѐ она што ги надминува нивните ограничени моќи на нивната имагинација. На овој начин, тие постојано проектираат збир од темни облаци на дискриминативното концептуално размислување со што ја проектираат безграничната големина на умот, а со тоа и своето божествено битие. Зен учителот Јуан-ву од XII век вели:

> Кога просветлени зен учители држат учења за духовниот пат, нивна единствена грижа е да го разбистрат умот за тој да пристигне до својот извор.

Но како да го разбистриме умот и да стасаме до точното гледиште и искуство на нашето битие? Будистичките учења велат: "Умот се расчистува кога навлегуваме во илузорната природа на сите феномени и се ослободуваме себеси од сета наша заблуда, со тоа што постигнуваме духовна луцидност."

Овде е доста важно за нас, да разбереме дека на сѐ што придаваме бескрајна важност и значење всушност нема вистинско постоење – ниту пак битие надвор од себе.

Оригиналната чистота на умот

Мајсторите на Зен ја објаснуваат како 'празнина' оваа илузорна, како од сон – природа на сите феномени - Шуњата (санскрит: śūnyatā). Во Ланкаватара Сутра, еден од најзначајните свети текстови на Махајана Будизам од V век, може да прочитаме:

> Сите перцепции изгледаат реални на умот кога е вознемирен од своите тенденциозни навики. Сепак тие не постојат навистина, тие се празни и тие се самиот Ум. Погрешно е да ги гледаме како надворешна реалност.

Поради тоа кога зен мајсторите ни даваат инструкции, секогаш нивната главна намера е да се разбистри умот на ученикот, така што тој ќе може да ја искуси чистотата на неговиот оригинален Ум. Преку јазикот на Зен, овој чист, празен ум, "е нашето оригинално вистинско лице , пред нашето раѓање". Тоа е како сонце што свети јасно и чисто на зрачечкото сино небо,

117

неподвижно и непроменливо. Во средината на сите наши дневни активности умот просветлува сѐ и свети од сите нешта.

Оваа примарна реалност, без раѓање и смрт која лежи во основата на секое битие е постојано присутна и е основа на сите наши искуства, дури и кога не ги перцепираме. Тоа не значи дека некогаш е повеќе, а некогаш помалку присутна. Не, останува непроменливо присутна но со една разлика - ние всушност не сме присутни.

Како и да е, доколку би ја свртиле целата наша духовна енергија навнатре, која цело време ја трошиме непотребно и постојано размислуваме за се и сешто, тогаш можеби би можеле да ја искусиме оваа Вистина како нашето вистинско себе. Затоа Хуанго-по вели:

Доколку би можеле да се ослободите од вашите дискриминирачки мисли, тогаш сте постигнале сѐ.

Значи, да се ослободиме од нашите вообичаени одвлекувања кон надвор и кондиционираното гледиште на нашето концептуално, дискриминирачко размислување.

Да се препуштиме себеси целосно во сега со нашето цело битие – со тело, здив и ум.

Не изоставувајќи од суштинското

Престани да анализираш зошто ова е вака, а тоа е така и дали беше така или не. Ова анализирање соодвестува со старата будистичка парабола на фармерот и куќата што гори.

Фармер кој се враќа од неговата работа во полето, гледа дека неговата куќа гори. Сите соселани се собираат и заедно се обидуваат да го изгаснат пожарот.

Но фармерот довикува: Чекајте, застанете, не толку брзо. Најпрво би сакал да знам како пожарот започна и дали некој го подметна пожарот? Ако е така, како изгледаше тој? Неговата коса беше кафена или црна? Имаше ли брада? Беше млад или стар? Дојде пешкиили

јаваше на магаре или вол? Фармерот продолжува понатаму, а во меѓувреме неговата куќа гори до самиот темел. Ако не сме навистина присутни и наместо тоа нашиот ум е фатен во овде-онде, ја пропуштаме есенцијата на сегашниот момент. Ако не живееме свесно во 'сега и овде', никогаш нема да го искусиме нашето вистинско битие. И така ќе се нишаме напред – назад низ многу инкарнации, од едно раѓање до друго и во сенката на темната маја ќе го форсираме нашето битие.

Како и да е, оваа маја од сенки, не е ништо друго освен проекција донесена од нашето духовно слепило кое постана автономно. Овие проекции се всушност нашите шеми на однесување, хипотези, сеќавања и стравови, сите наши псевдо-грижи во овој очигледен свет на множина. Сето ова го прифаќаме како наш вистински живот. Раѓањето и смртта, на бината на животот ги земаме како реални, се приврзуваме до нив во страв. Но зен вели:

Пушти сè, бидејќи умот е исполнет со зрачечка јасност. Ослободи се себеси од сè, од што и да е!

11

Патот до бесмртноста

Веселоста на Умот

Природната веселост, како искрена и весела рефлексија на умот е оригиналната состојба на нашето вистинско битие. Сите наши кондиционирани феномени за искреноста на духовниот пат во очите на Зен, не се ништо друго освен празни концепти кои мора да се трансцендентираат. Тие концепти креираат пречки кои нè ограничуваат. Го врзуваат нашиот ум и мора конечно да отпаднат, ако сакаме да ја достигнеме оваа весела, искрена рефлексија на умот. Од оваа причина, тибетскиот Махамудра учител Бутон во XIV век вели:

> Тивка веселост на умот е прашање на реализација на вистината, а за да се стаса до оваа реализација збунетиот и немирен ум мора да постане чист и весел.

Кога времето е весело и мирно, нема облаци кои висат на небото. Да се биде весел значи да се биде лесен и јасен. Лесен и јасен значи целосно природен, оригинална состојба на нашиот ум, кој е нероден и бесмртен. Но само кога целосно запловуваме во оваа природна состојба, само тогаш можеме да ја искусиме убавината на нашето битие. Сепак ова не може да се постигне ако го гледаш секојдневниот живот како препрека во духовниот пат и притоа живееш во задушена состојба на ум и разум. Секој што го негира животот на овој начин и се движи наоколу како жив труп со индиферентно незнаење, сигурно не се осудува да има надеж дека ќе влезе во големиот вечен живот за време на неговата смрт. Тоа би била голема грешка.

Навистина е едно големо изненадување, од сите луѓе кои не живеат вистински во овој живот, се тие кои најмногу копнеат по вечен живот. Оној кој е веќе мртов на овој свет, ќе биде и во неговиот трансцендентен свет. Не може да се надева на вечен и благословен живот. Ако сакаме вечен живот тогаш мора да живееме вистински во 'сега' и целосно да се потопиме себеси во едно битие во 'сега-овде', во вистински живот.

Живот исполнет со значење

Само оние кои живеат вистински во овој живот ќе бидат трансформирани во моментот на смртта, во еден прекрасен живот – во бессмртност. И како одговор на прастарото прашање на човекот: Дали постои живот после смртта или не? Точниот одговор во духот на зен е: Дали има вистински живот пред смртта? Тоа е важно прашање.

Ако сакаме да живееме вистински живот тука на овој свет, од голема важност е да се има безгранична верба во реалноста на нашето вистинско битие. Оваа верба е непоколебливо верување во оригиналната чистота на нашиот нероден и бессмртен Ум. Од тука почнува да расте една огромна сила внатре во нас, која нѝ дозволува се повеќе и повеќе да достигнеме непрекината свесност на умот. Ние сме способни да ја искусиме скапоценоста на секој еден момент со целото наше битие и да живееме една кристално чиста свесност, со активно учество во животот како една реалност. Тогаш вистинскиот живот ни се открива целосно и нашиот живот постанува вистински живот кој е исполнет со значење. Каде и да е, секаде, постојано ќе ја искусуваме сеприсутната реалност на нашето вистинско Битие. Тоа е како на пример рано наутро, кога сонцето изгрева на хоризонтот, најпрво сеуште е мрак, но станува се посветло и посветло и се дури сонцето се наоѓа високо на небото, го осветлува целиот пејзаж со сета негова светлина. Кинескиот зен учител Јуан-ву од XII век ни дава еден доста впечатлив опис на оваа прекрасна состојба на свеста:

> Твоето постоење е слободно од сите граници, ти си отворен, лесен и транспарентен. Се здобиваш со просветлувачки поглед кон вистинската природа на сите нешта, кои за тебе сега изгледаат како маса од светлечки цвеќиња од бајките, без никаква опиплива реалност.
>
> Овде се открива твоето вистинско Битие, твоето оригинално вистинско лице на твоето вистинско битие. Пред тебе се покажува прекрасниот, непрекриен пејзаж од твојот вистински, единствен дом.

Објаснување на поединечни поими

Амитаба, санскрит - безгранична светлина, јап. 'Амида'. Еден од најзначајните просветлени лица во Махајана Будизам. Тој е Буда на ' западниот рај' - Сукхавати рај, кој не се поврзува со конкретна локација, но се мисли на состојба на свест која е безгранична светлина, љубов и разбирање.

Според учењата на Шин Будизам (Shin Buddhism), секој кој во длабока верба го довикува името на Амитаба (посебно за време на смртниот час), ќе биде прероден во рајот Сукхавати. Во 'училиштето на чистата земја' , оваа инвокација е позната како ' наму Амида бутсу' или 'обожување на Буда Амитаба'.

Хара, јап. Во буквален превод ' стомак, абдомен'. Овој доста употребуван поим во зен означува и покажува кон одреден дел на телото, околу три прсти под папокот, како средина или центар на битието. Тоа е средината на целиот универзум. Со правилно дишење и праксата на зазен, во овој центар се развива голема моќ и енергија. Хара како центар на целата енергија во зен е точката на потекло на целата активност (како значењето на 'делување со интуиција', но значењето во зен оди многу подлабоко).

Карма, санскрит, буквално: дело или акција. Законот на причина и последица од кој сите мисли и дела имаат соодветна последица. Преку ова го определуваме квалитетот на нашиот живот и влијанието на другите врз нас.

Мушин, јап.(кин. Wu-hsin), состојба на празнина, немислење, не-свест, отцепување на умот. Природна состојба на умот без никаков напор, надвор од секоја мисла. Мушин и Мунен (кин. Wu-nien) заедно формираат еден од централните концепти во зен. Во зен, Мушин не значи незнаење или умствена глупавост. Означува нешто многу повеќе, дека умот е толку добро во себеси цврсто закотвен и стабилен, така што не може да биде доведен до нестабилност, од било какви надворешни околности или случувања. Тоа значи дека умот останува јасен и слободен и не живее врз ништо, дури ни врз мислата на немислење.

Самсара, санскрит , буквален превод ' талкање'. Циклус на раѓање и смрт. Целта на сите будисти и хиндуисти е ослободување од самсара, а со тоа и надминување на страдањето. Ова претставува ослободување од заробеништвото од циклусот на раѓање, стареење, очај, болест, болка и смрт.

Сатори, јап. (кин. Ву (Wu)), зен термин кој го означува искуството на просветление или будење. Сатори означува нешто повеќе од интуитивно разбирање на вистинското битие, кое се сретнува во Кеншо искуството, бидејќи личноста што искусува Сатори исчезнува, се потопува комплетно во него. Во зен, сатори се опишува како повторно раѓање на вистинското себе, откако лажното, илузорно себе, его-илузијата ја умира ' Големата смрт'.

Шуњата, санскрит (јап. Ку, (Ku)), буквално: празнина. Според учењата на Махајана, ништо не поседува автономна, трајна супстанца. Сите нешта се празни и затоа немаат сама по себе природа. Шуњата учењето, е еден камен темелник на Махајана будизмот, а со тоа и на Зен. Таа е доста суптилна и не се опишува со зборови. Иако постои опширна литертура која ја покрива оваа тема, Шуњата може да биде целосно разбрана само од оној кој самиот ја искусил во своето просветление (сатори).

Таоизам (даоизам), има два главни извори на таоизмот - филозофски: тао-чиа (Tao Chia,) и религиозен: тао-чиао (Tao Chiao).

Тао чиа не води назад до таоистичкиот мајстор Лао це и неговата книга, Тао Те Чинг. Како највисок идеал тука важи ненамерното делување во согласност со Тао. Религиозниот Таоизам наспроти филозофскиот, има за цел физичката бесмртност. Може да се достигне преку вежби за дишење, физички вежби и преку одредени сексуални практики.

Wu Wei - кин., Неделување - се мисли на делување без никаква намера. Овој таостички термин не треба да се помеша со пасивно неделување. Ву Веи повеќе се однесува на состојбата на умот на не-интервенција, во еден природен тек на работите. Ву Веи е всушност висока ефективна состојба на умот, каде било какво делување е возможно во секое време. Кога мудриот живее во неделување, тој стои во хармонија со Тао, чија универзална моќ доаѓа до важност токму преку ова неделување. Стариот таоистички мајстор Лао це во својата книга Тао Те Чинг вели:

"Тао е вечен без делување, а сепак не останува ништо што не è направено."

Во Ву Веи се работи за едно креативно неделување, делување без никаква акција, кое што е во основата на менталниот став на не-интервенција и храброст да се дозволат работите да се случат.

Ву Веи ги трансцендентира двете крајности, не немирна активност и апсолутна неактивност. Се работи за неделување на небитното, што во исто време е дозволување на неопходното дејствување.

Зен, јап. кратенка од Zenna, јапонски начин на читање на кинескиот Channa (кратка форма чан (Chan), кој што самиот збор е транскрипција од санскрит зборот "Dhyana" набудување, задлабочување.

Зен будизмот се развива во VI и VII век во Кина, преку пренос на индискиот Dhyana-будизам на Бодидарма и преку поврзување со кинескиот Таоизам.

Доста карактеристично за зен е неговиот силен акцент на искуството на просветлување (сатори). Од голема важност за зен е ѝ развитокот на интуитивното разбирање преку медитација, отколку преку интелектуалното учење.

Важните карактеристики на зен во раната Танг династија се сумирани во четири кратки искази на кинески:

1. Пренесување надвор од православното учење
2. Независност од свети списанија
3. Директно укажувајќи на срцевиот ум
4. Увид во сопствената природа и достигнување на Просветление.

Контакт Адреса

ЗЕН ЦЕНТАР
ТАО 道禅 ЧАН

Тао Чан Центар
Доброволна организација
Визбаден

Зен Центарот Тао Чан е под лично водство на Зен Мајстор Зеншо В. Коп.

Зеншо учи еден современ начин на сеопфатна мистика што ги задоволува духовните потреби и животните услови на денешните луѓе од Западот.

Отворена Зен-Вечер

Два пати во месецот, Зен центарот Тао Чан во Визбаден организира отворена Зен вечер под водство на Зен Мајстор Зеншо В. Коп.

Информации и пријавување
Телефон: +49 (0)611- 940 62 31
Факс +49 (0)611 - 940 62 32
www.tao-chan.org/mk/
f www.facebook.com/zencentertaochan/

Books by Zen Master Zensho W. Kopp

All books available at: www.tao-chan.org

**Awakening to Your
True Self**
*The Zen way of
all-embracing mysticism*

ISBN 978-3-751931-82-3

True Life Through Zen
*Spiritual self-realisation
in daily life*

ISBN 978-3-734743-55-9

**Words of the
Awakened Mind**
*Aphorisms of a
Western Zen Master*

ISBN 978-3-848241-34-7

The Freedoom of Zen
*The Zen book that shatters
all limits and bounds*

ISBN 978-3751937-01-6

Lao-tse – Tao Te King
*The Book of Tao and
Spiritual Force*

Transcription by Zen Master
Zensho W. Kopp

ISBN 978-3-842328-61-7

**Enlightened Dimensions
of the Divine**
*Paintings and quotations of
a Western Zen Master*

ISBN 978-1-4827-9942-2

Living in inner fullness
*Aphorisms of a
Western Zen Master*

ISBN 978-3-751935-09-8

Modern ZEN-ART
*Watercolours and sayings of a
Western Zen Master*

ISBN 978-3-907246-09-2

DE /EN